GUSTAVE SIMON

LA LÉGISLATION OUVRIÈRE DE LA RÉPUBLIQUE POLONAISE

SOCIÉTÉ DE PUBLICATIONS INTERNATIONALES

1921

GUSTAVE SIMON

LA LÉGISLATION OUVRIÈRE DE LA RÉPUBLIQUE POLONAISE

SOCIÉTÉ DE PUBLICATIONS INTERNATIONALES

1921

AVANT-PROPOS

Si l'on veut apprécier à leur juste valeur les efforts de l'Etat polonais ressuscité dans le domaine de la législation sociale, il faut avoir toujours les faits suivants présents à la mémoire:

1) Un État polonais souverain, formé de la réunion des trois parties: russe, autrichienne et prussienne de la Pologne n'existe que depuis le mois de novembre 1918 et la première Diète de la Pologne indépendante ne fut ouverte que le 9 février 1919.

2) Les trois parties de l'ancienne Pologne avaient chacune une organisation politique, économique, administrative et sociale différente. Dans l'une d'elles, celle qui avait appartenu à la Russie, il n'y eut, pour ainsi dire, aucune législation sociale, et tout effort de la part de la société polonaise pour amener une amélioration quelconque dans ce domaine y était considéré comme criminel. Dans la Pologne prussienne, la législation sociale était — il faut en convenir — très développée, mais elle était empreinte de tendances centralisatrices et elle ne tenait aucunement compte du particularisme national et social de la population polonaise. Enfin, la législation sociale avait fait très peu de progrès en Pologne autrichienne, par suite de l'état de désorganisation générale dans lequel la Monarchie Danubienne se trouvait depuis longtemps.

3) Une grande partie de la Pologne a été dévastée pendant la guerre, soit par suite des opérations militaires dont elle fut le théâtre, soit à cause du régime que lui ont fait subir les occupants. L'industrie a été presque entièrement détruite. En enlevant l'outillage et les matières premières des usines, les occupants poursuivaient le but de paupériser les grandes masses de la population polonaise, qu'ils privaient de travail et qu'ils forçaient ainsi à emigrer en Allemagne.

4) Encore tout récemment, la Pologne indépendante travaillait à sa législation sociale, comme d'ailleurs à l'oeuvre entière de ses institutions fondamentales, au milieu du bruit des armes et en subissant par suite des guerres qu'elle était forcée de soutenir un supplément de dévastation de son territoire. En même temps, l'argent polonais perdait chaque jour au change, augmentant ainsi les difficultés de la situation générale de l'Etat.

5) Parmi les voisins immédiats de la Pologne, l'un est l'Etat bolchéviste de la Russie qui, à force d'argent et d'énergie, s'efforce de pousser les grandes masses de la nation polonaise à un mouvement révolutionnaire, au sens soviétique de ce mot. L'autre voisin — c'est l'Allemagne, qui n'épargne rien pour affaiblir la Pologne et amener sa chute.

6) Les limites de la Pologne ne sont pas encore définitivement fixées. D'une part, elles dépendent de la manière dont la question polono-lithuanienne sera résolue, et d'autre part, elles seront établies en raison du résultat du plébiscite dans la région houillère et industrielle de la Haute-Silésie. Cette dernière considération est d'une importance capitale pour la législation sociale en Pologne.

Ajoutons encore que la Pologne est obligée de résoudre toutes ces questions vitales dans un isolement presque complet et, même souvent, elle se heurte à des obstacles de la part de certaines influentes puissances, qui paraissent ne s'être pas encore suffisamment pénétrées de cette vérité, qu'une Pologne forte et soutenue dans ses revendications légitimes est indispensable à la paix de l'Europe centrale. Elle en est peut-être même l'unique fondement.

Ce n'est qu'en tenant compte des faits cités, qu'on peut comprendre les conditions dans lesquelles la Pologne a été forcée d'édifier sa législation sociale et qu'on jugera équitablement ce qui a été fait jusqu'ici dans ce domaine.

ORGANISATION DU MINISTÈRE DU TRAVAIL ET DE LA PRÉVOYANCE SOCIALE

En Pologne, les questions de politique sociale sont centralisées dans le Ministère du Travail et de la Prévoyance Sociale. Quelques-unes sont de la compétence du Ministère de l'Hygiène Publique.

Le Ministère du Travail et de la Prévoyance Sociale est sorti de l'ancien Département du Travail, lequel avait été fondé encore au temps de l'occupation allemande, en 1917, auprès du Conseil d'État Provisoire. Ce Département était cependant forcé de se limiter à des travaux de préparation théorique, les occupants ne permettant aucune activité pratique ou législative de la part des Polonais.

Le trait dominant et caractéristique de l'organisation actuelle du Ministère est que les questions de travail y sont liées aux questions de prévoyance et de protection sociale. On y remarque la tendance à traiter tout le vaste champ dont s'occupe le Ministère au point de vue d'une économie sociale rationnelle et moderne, visant en premier lieu à améliorer et à guérir les maux de la collectivité nationale par des mesures préventives.

Le Ministre actuel est l'ingénieur Edward Pepłowski. Il a été précédé à son poste par MM. Jerzy Iwanowski et Bronisław Ziemięcki. Tous ont été portés au Ministère par les partis ouvriers polonais.

Au moment où nous écrivons ces lignes (novembre 1920) le Ministère du Travail et de la Prévoyance Sociale compte 764 fonctionnaires. Il est divisé en cinq sections qui correspondent aux grandes divisions de son domaine d'action: 1) protection du travail, 2) assurances sociales, 3) émigration et placement des travailleurs, 4) assistance sociale, 5) questions générales.

Le budget provisoire du Ministère s'élevait pour la période avril-décembre 1920 à 226 millions de marks polonais. Mais en réalité les dépenses pour la politique sociale étaient beaucoup plus élevées. En effet, une partie en est inscrite au budget du Ministère de l'Hygiène Publique, par exemple les dépenses pour les logements ouvriers, l'hygiène des quartiers populaires, etc., une autre partie est couverte par le budget de la Présidence du Conseil (participation de la Pologne au Bureau International du Travail auprès de la Société des Nations), d'autres enfin sont comptées comme dépenses du Ministère de l'ancienne Pologne prussienne, au budget duquel seront inscrites, jusqu'au moment où l'unification administrative de tous les territoires polonais sera complètement terminée, les dépenses pour la politique sociale dans les provinces de Posnanie et de Poméranie.

ACTION LÉGISLATIVE

La législation ouvrière de la Pologne est représentée en ce moment par un grand nombre d'ordonnances décretées par le Gouvernement de la République et de lois qui ont été discutées et votées par la Diète polonaise. Nous les passerons en revue et nous en releverons les traits importants en nous tenant, autant que possible, aux divisions générales de la politique sociale.

I.

PROTECTION DU TRAVAIL

Une ordonnance gouvernementale du 23 novembre 1918, confirmée et developpée par la Loi du 18 décembre 1919, limite à huit heures la *durée de la journée de travail* dans l'industrie et le commerce. Depuis, la journée de huit heures est un maximum obligatoire dans tous les établissements industriels et miniers, dans les ateliers, dans les chemins de fer et transports de toute sorte par voie de terre ou par eau, et dans tous les établissements de commerce. Le samedi, la journée de travail ne peut durer que six heures. La durée totale du travail ne peut donc dépasser 46 heures par semaine, et cette durée peut être encore réduite dans les industries particulièrement pernicieuses à la santé des travailleurs.

Par conséquent, la Pologne est allée dans ce domaine plus loin que la Conférence Internationale du Travail à Washington, qui a fixé la durée hebdomadaire du travail non à quarante six, mais à quarante huit heures. Une prolongation de la durée du travail n'est admissible, selon la loi polonaise, que dans des circonstances toutes spéciales, exceptionnelles, lorsque la sécurité des travailleurs ou l'existence de l'établissement en dépendent. Mais, même alors, cette durée ne peut dépasser 12 heures, à moins qu'il s'agisse de travaux de sauvetage.

Le Ministre a le droit de prolonger la durée hebdomadaire du travail jusqu'à 56 heures dans les établissements à production limitée, par exemple dans les raffineries de sucre, pendant la campagne saisonnière; mais il doit d'abord se mettre d'accord avec les syndicats patronaux et ouvriers intéressés. En outre, le Ministre peut autoriser un travail supplémentaire lorsque les circonstances le rendent indispensable, par exemple pendant l'inventaire de l'établissement. Mais ces heures supplémentaires ne peuvent dépasser cent vingt par an, soit quatre heures par jour.

Tout travail supplémentaire doit être rémunéré au moins 50% de plus que le travail normal. Lorsque le travail supplémentaire dure plus de deux heures par jour, ou bien lorsqu'il a lieu la nuit ou le dimanche, il doit être payé au moins le double du taux normal.

Un repos minimum d'une heure est garanti à chaque ouvrier après six heures consécutives de travail. Dans le cas où l'arrêt des machines entraînerait des inconvénients spéciaux ou des dommages pour l'usine, l'ouvrier doit quand même pouvoir prendre un repas, sans que la production soit interrompue.

La fixation des heures auxquelles le travail doit commencer et finir dans le commerce, c'est-à-dire les heures d'ouverture et de fermeture des boutiques et des magasins, est du ressort des autorités locales. Les heures de travail dans les entreprises de transport, dans les chemins de fer, etc., sont à régler par des arrêtés ministériels. Mais l'action du Ministre, aussi bien que celle des communes, a pour limite la loi fondamentale sur la journée de huit heures et le préavis des syndicats professionnels intéréssés doit être préalablement obtenu.

Les Inspecteurs du Travail et les autorités administratives de première instance sont chargés de veiller à l'exécution de la loi.

Les contraventions sont punies d'une amende considérable en argent ou d'un emprisonnement allant jusqu'à trois mois.

Remarquons encore que la réduction de la journée de travail à la durée de huit heures ne peut dans aucun cas entraîner une réduction du salaire journalier dans les entreprises dont la durée du travail était plus longue antérieurement. La loi du 18 décembre 1919 le prescrit formellement.

Il résulte de ce qui vient d'être dit que la durée du travail à été réglementée en Pologne conformément aux idées les plus modernes. Non seulement on a limité le travail à huit heures par jour et quarante six heures par semaine, mais il a été fixé un minimum relatif de salaire pour tout travail supplémentaire— fait dont les conséquences ne sont pas sans importance.

Il est désirable que la réforme dans la durée du travail introduite par la Pologne n'entraîne pas ce pays à être placé dans une position défavorable par rapport à la concurrence des autres pays industriels qui conserveraient une journée de travail plus longue.

La Loi sur la durée du travail journalier et hebdomadaire en Pologne est entrée en vigueur à partir du 9 Février 1920. Elle est exécutée intégralement. Les autorités, aussi bien que les syndicats des travailleurs y veillent.

Un second grand pas a été fait par la Pologne dans le domaine de la législation sociale par la promulgation du Décret du 3 janvier 1919 (complété le 2 mars 1920) concernant *L'Inspection du Travail.*

Ce décret a une importance particulière dans les provinces antérieurement soumises à la Russie, qui sont aussi les plus industrielles. L'ancienne Inspection du travail qui y avait été instituée par les Russes et qui d'ailleurs rendait très peu de services à cause de son inaptitude, de sa vénalité et de ses tendances à la russification de l'ouvrier, avait suivi les armées tsaristes dans leur retraite, en 1915. La surveillance de l'industrie que les autorités communales polonaises avaient organisée à sa place n'était que partielle, et continuellement entravée par les Allemands. Le pays était donc presque entièrement dépourvu d'un service si important.

L'Inspection du Travail établie par le décret du 3 janvier 1919 a pour but d'accorder au travail ouvrier une protection véritablement efficace et largement développée. Au sommet de l'organisation officielle est placé un Inspecteur général du Travail, auquel sont subordonnés des Inspecteurs et des Inspectrices, provinciaux et d'arrondissement, et enfin des Sous-Inspecteurs. Les Inspecteurs doivent posséder une instruction supérieure théorique et pratique. Avant d'être nommés, ils sont soumis à un examen qui porte sur des matières sociales, la législation ouvrière, l'hygiène industrielle, etc. Le Ministère organise des cours spéciaux pour préparer les candidats. Une stipulation du décret sur l'Inspection du travail mérite encore spécialement d'être mise en évidence: elle prévoit la nomination d'Assistants aux Inspecteurs du Travail, choisis parmi les hommes (et les femmes) de confiance des organisations ouvrières.

Les Inspecteurs du Travail ont pour mission principale de surveiller l'observation des lois et règlements qui concernent les conditions du travail, aussi bien en ce qui touche la durée et les intervalles de celui-ci, qu'en ce qui a trait aux contrats individuels et collectifs, aux taux des salaires, aux prix des articles vendus aux ouvriers par les patrons, à l'apprentissage, etc. De plus, les Inspecteurs ont le devoir de se tenir au courant des conditions du travail et de la paye dans leur arrondissement, de réunir des données statistiques, de s'informer des rapports entre le travail et le capital, et — plus particulièrement — de coopérer à la conclusion des contrats collectifs et à l'apaisement des conflits qui peuvent se produire à la suite de ceux-ci.

L'Inspection du Travail embrasse en Pologne tous les domaines de l'activité économique, sans en excepter l'agriculture.

Les Inspecteurs sont en possession d'un pouvoir exécutif très étendu. Ils peuvent dresser des procès-verbaux, intenter des procès devant les tribunaux, y paraître comme accusateurs publics, infliger des amendes, et enfin publier des arrêtés exécutifs locaux, jusqu'au moment où les Conseils, que le Décret prévoit auprès des Inspecteurs du Travail auront été formés.

L'Inspection du Travail, telle que nous venons de la décrire, est intégralement réalisée jusqu'ici dans les provinces de l'ancienne Pologne russe; elle est en voie d'introduction dans l'ancienne Pologne autrichienne. Quand à l'ancienne Pologne prussienne, il y fonctionne encore l'Inspection de l'Industrie, d'origine législative allemande et une Inspection de l'agriculture, d'institution récente. L'unification de tout ce réseau de systèmes différents sera accomplie prochainement, sur la base du Décret du 3 Janvier 1919.

Jusqu'à ce jour, le Ministère a nommé soixante Inspecteurs du Travail, dont dix-huit pour l'agriculture.

Les Inspecteurs actuellement en fonction, jouissent de la confiance profonde des grandes masses. Très fréquemment, ils sont appelés à intervenir entre patrons et travailleurs comme arbitres, ce qui d'ailleurs devra cesser sous peu, l'arbitrage n'étant pas de la compétence de l'Inspection du travail et devant passer bientôt à des institutions spéciales.

Un projet de loi sur l'organisation de l'Inspection du Travail, qui remplacera les décrets qui sont en vigueur jusqu'ici, doit être soumis prochainement à la Diète de la République.

Le 28 mars 1919 la Diète Polonaise a approuvé une Loi sur le *Règlement des conflits collectifs entre les patrons et les travailleurs de l'agriculture.* Cette Loi fut complétée le 1 août 1919 et ses stipulations furent étendues le 23 janvier 1920 aux conflits collectifs entre les propriétaires d'immeubles urbains et les concierges.

Notons d'abord que toutes ces lois ne sont qu'un premier pas vers une grande action législative concernant l'arbitrage du travail (*Tribunaux du Travail*) que le Ministère du Travail est en train de préparer.

La Loi sur les conflits dans l'agriculture a une importance particulière pour la Pologne, qui est en grande majorité un pays agricole. Cette importance est d'autant plus grande que la négligence avec laquelle les questions touchant les travailleurs ruraux étaient traitées par les gouvernements étrangers dont la Pologne avait à subir le joug eut pour conséquence d'accumuler un tas considérable de maux qu'il faut régler, sous peine de crises graves pour l'Etat, le plus vite possible. La Loi du 1 août 1919 en a déjà guéri un grand nombre.

Cette Loi institue trois instances pour le règlement des conflits en question: 1) L'Inspecteur du Travail, 2) La Commission de Conciliation, 3) la Commission d'Arbitrage.

L'Inspecteur du Travail a le droit de citer les deux parties, ou les représentants de celles-ci, afin de les concilier, ou bien, si les efforts dans ce sens n'aboutissent pas, afin de nommer une Commission de Conciliation. La loi considère comme représentants légaux des deux parties d'un arrondissement les syndicats entérinés des patrons d'une part et les syndicats professionnels des travailleurs, de l'autre.

Lorsqu'il est impossible d'aboutir à une conciliation immédiate des intérêts en cause, on a recours à la Commission de Conciliation qui est composée d'un nombre égal de délégués des syndicats des deux parties, sous la présidence de l'Inspecteur du Travail. Le refus de nommer des délégués ou la non-apparition injustifiée de ceux-ci au lieu et temps fixés sont punis d'une amende de 100 à 3.000 marks pour les patrons, et de 5 à 50 marks pour les travailleurs.

Enfin, lorsqu'on n'a pu concilier les deux parties, ou bien lorsque l'une d'elles a demandé la réunion de la Commission d'Arbitrage, et que la partie adverse ne s'y oppose pas, il demeure cette dernière instance. La Commission d'Arbitrage est composée de trois à cinq délégués des patrons, du même nombre de délégués des travailleurs et d'un président nommé par les deux parties. Si celles-ci n'ont pu se mettre d'accord sur ce point, le président est nommé par le Ministre du Travail. Comme représentants des deux parties en cause fonctionnent, en premier lieu, les délégués de leurs syndicats professionnels. Lorsque les syndicats se refusent à en nommer, ou bien dans le cas où il n'y aurait pas de syndicats autorisés dans l'arrondissement, les parties élisent des délégués spéciaux.

Les arrêts des Commissions d'Arbitrage, appelées à fixer les conditions de travail et les salaires dans un arrondissement entier, sont obligatoires pour tous les patrons et tous les travailleurs agricoles du territoire en cause. La Commission d'Arbitrage règle les conflits qui pourraient se produire en conséquence de l'application du contrat collectif. A cet effet, la Commission d'Arbitrage de chaque arrondissement se réunit tous les mois, à date fixe, pour une session qui dure au moins deux jours.

La procédure est gratuite pour les deux parties. Le refus de siéger est puni. La Commission a droit de faire prêter serment devant un tribunal aux témoins qu'elle cite.

Les frais de la Commission d'Arbitrage sont à la charge du Trésor. Ses membres touchent une indemnité journalière et leurs dépenses leur sont remboursées par l'Etat.

Les contrats de travail qui ont été conclus par voie de conciliation et ceux qui sont arrêtés par la Commission d'Arbitrage sont soumis aux stipulations générales du Code Civil et ils sont exécutifs. Le cas échéant, un ordre d'exécution est publié par le tribunal à la suite de la présentation de la copie du contrat, légalisée par l'Inspecteur du Travail, ou bien à la suite d'un arrêt de la Commission d'Arbitrage. Le tribunal est obligé de publier l'ordre d'exécution à la demande de la partie intéressée. Le tribunal ne peut casser un arrêt de la Commission d'Arbitrage qu'en cas de violation flagrante de la loi ou de son interprétation erronée, dans le cas d'omission des formalités les plus importantes de la procédure ou lorsque la Commission a dépassé les limites de sa compétence.

Les conflits qui se produiraient par suite de l'inobservation du contrat une fois conclu sont soumis à la Commission d'Arbitrage par l'Inspecteur du Travail à la demande d'une seule des parties intéressées, sans qu'il y soit besoin du consentement de l'autre. La non-apparition de l'autre partie n'arrête pas en ce cas la procédure.

Enfin les arrêts de la Commission d'Arbitrage servent de base à tous les contrats individuels dans l'arrondissement. Cependant, il est stipulé dans la loi que ces contrats individuels ne peuvent, sur aucun point, être moins favorables aux travailleurs que les contrats arrêtés par la Commission; des stipulations plus favorables sont, bien entendu, admissibles.

L'application de la Loi du 1-er août 1919 n'a pas rencontré d'obstacles sérieux en Pologne, bien que nous sommes ici en présence de mesures qui ont modifié de fond en comble les conditions du travail agricole dans le pays. Cette Loi introduit l'égalité réelle des deux parties contractantes à la place de la domination antérieure de l'une d'elles, elle remplace le chaos, qui régnait dans le domaine en question, par des prescriptions strictes et de longue durée. On est en droit d'espérer que la solution du difficile problème du salariat agricole est désormais en bonne voie. En appelant à coopérer à la conciliation et à l'arbitrage les syndicats professionnels des deux parties, la Loi du 1-er août introduit un principe d'ordre et d'organisation, ainsi que celui de responsabilité morale et matérielle, dans des rapports où jusqu'ici l'arbitraire était cause de graves inconvénients pour les intérêts sociaux et économiques de la nation tout entière.

* * *

La Loi sur la durée de la journée de travail, adoptée par la Diète le 18 décembre 1919, a reçu son complément nécessaire dans les dispositions concernant *le Repos Dominical.*

La question de ce repos a eu toujours en Pologne une grande importance pour les grandes masses des travailleurs, surtout en ce qui concerne le repos dominical dans le commerce. Une très grande partie des entreprises commerciales dans les villes de la Pologne se trouve être aux mains d'Israélites qui considéraient le samedi seul comme jour de repos et n'observaient pas le dimanche. Il en résultait surtout un manque peu désirable d'unité dans les conditions du travail. D'autre part, le commerce des Israélites, fonctionnant le dimanche, était dans une condition privilégiée par rapport aux établissements fermant ce jour; ceci concernait surtout le commerce dans les quartiers ouvriers et dans les petites villes, vu que les travailleurs urbains et les paysans, voulant faire leurs achats le dimanche, ne trouvaient à leur disposition qu'une partie des magasins et des boutiques. Enfin, l'ouverture des établissements de commerce et des ateliers le dimanche par les Israélites forçait les chrétiens qui y travaillaient d'observer le samedi au lieu du dimanche, ou bien d'introduire la plus stricte séparation religieuse dans l'emploi de la main-d'oeuvre dans les établissements économiques du pays.

La Pologne s'est décidée à suivre en cette question l'exemple de tous les pays civilisés: en tenant compte des moeurs et des croyances de la majorité de ses habitants, elle fit une obligation égale pour tous d'observer le repos dominical et celui des jours de fêtes solennelles du calendrier chrétien, tout en laissant pleine liberté à ceux qui voudraient observer d'autres jours de repos. Le repos du dimanche est donc à présent une obligation très stricte en Pologne et il n'y a d'exceptions à cette loi que pour les entreprises qui correspondent à des nécessités publiques et à des besoins particulièrement impérieux, tels que les chemins de fer, les tramways, les restaurants etc.

Certaines communes, Varsovie la première, ont usé ces temps derniers du droit qu'elles ont dans ce sens, et elles ont ordonné la fermeture des établissements de commerce aussi les matinées de fête, ce qui pour le commerce des comestibles n'est pas stipulé dans la loi.

Notons encore à ce sujet, bien que cette question ne concerne pas le repos dominical directement, que certaines communes polonaises ont ordonné la fermeture quotidienne des boutiques et des magasins pendant les heures habituelles des repas, de 1 à 3 heures, et qu'à l'exemple de l'État et des grands bureaux publics, la majorité des entreprises privées a introduit le *samedi anglais,* c'est-à-dire que le travail y cesse ce jour à 1 heure de l'après-midi.

* * *

En parlant des lois et décrets sur la protection du travail qui sont déjà exécutoires, il y a lieu de s'arrêter encore au décret du 8 février 1919 sur les *Syndicats Professionnels des Travailleurs.*

Il stipule l'obligation de l'entérinement pour tout syndicat de travailleurs de la même profession ou de professions rapprochées, si le syndicat désire jouir des droits et privilèges accordés par le décret en question. Aux fins de l'entérinement, il faut soumettre à l'Inspecteur du Travail les statuts du syndicat, signés par trois fondateurs au moins, statuts qui doivent spécifier les fins que se propose l'association et les principes de son organisation.

L'entérinement ne peut être refusé que lorsque le statut dépasse les limites assignées aux syndicats par le décret ou bien lorsqu'il est en contradiction avec les lois en vigueur. Le refus doit être motivé et il en peut être appelé au tribunal civil.

Les mêmes stipulations s'appliquent aux fédérations de toute sorte des syndicats professionnels.

Une fois le syndicat entériné, il acquiert tous les caractères et tous les droits d'une personne juridique. Il peut conclure des contrats collectifs. La loi accorde aux syndicats professionnels entérinés le droit d'être représentés dans les assemblées consultatives organisées au Ministère du Travail, le droit d'engager des poursuites disciplinaires contre ses propres membres, etc.

Dans le cas de violation de la loi par le syndicat, celui-ci peut-être poursuivi en justice et puni soit d'une amende, soit d'une suspension temporaire de son fonctionnement, soit de dissolution définitive.

Les syndicats sont obligés de communiquer leurs comptes-rendus annuels à l'Inspection du Travail. Un projet de loi sur les syndicats professionnels, basé sur le Décret du 8 février 1919, est actuellement discuté par la Commission du Travail de la Diète.

* * *

Pour en finir avec cette partie de la législation ouvrière de la Pologne, nous mentionnerons le Décret publié le 5 novembre 1919 par le Ministre du Travail, concernant les *Hommes de Confiance*, les *Comités Miniers* et les *Comités d'Arbitrage du Bassin Houiller de Dombrowa.*

Bien que ce décret ne soit en vigueur que sur une portion limitée du territoire, il concerne la production la plus importante de la Pologne, la houille, qui occupe une forte part du prolétariat polonais. De plus, il deviendra sans doute un modèle pour les autres genres de travail.

Son histoire est intéressante. A sa base est un compromis, conclu le 25 août 1919, à la suite d'une violente grève, entre les délégués du Conseil des Ministres de la République et les syndicats ouvriers de l'industrie minière.

Le décret en question stipule que les ouvriers de chaque mine nomment pour six mois des Hommes de Confiance, un par chaque centaine de travailleurs.

L'élection a lieu au suffrage direct, secret et proportionnel. Les délégués doivent avoir atteint l'âge de vingt et un an.

Ces Hommes de Confiance sont les aides des Comités Miniers. Ils servent d'intermédiaires entre le Comité et les ouvriers dans les conflits qui se produisent avec la direction de la mine. Ils éclairent le Comité sur les causes de la diminution de la productivité du travail. Enfin, ils veillent sur le bon ordre et l'intensité du travail dans la mine.

Les Comités Miniers sont nommés par les comités des syndicats professionnels ouvriers parmi les Hommes de Confiance. Le nombre des membres de chaque Comité Minier dépend du nombre des travailleurs de chaque mine.

En cas de conflit, les Comités Miniers interviennent entre les Hommes de Confiance et les Directions des mines. Ils informent leur direction des défauts éventuels de l'outillage et de l'administration, qui peuvent avoir de l'influence sur la productivité et la sécurité du travail. Enfin, ils veillent à ce que l'approvisionnement des ouvriers soit suffisant. Les membres du Comité sont indemnisés par la direction de la mine à un taux égal à leur salaire journalier moyen.

Le Comité d'Arbitrage est composé d'un délégué du Ministère du Travail, qui y préside, d'un délégué du syndicat patronal des industriels miniers et celui des syndicats des ouvriers de la mine intéressée. Ces deux derniers membres sont amovibles au gré de leur mandataires.

Le Comité d'Arbitrage se réunit une fois par semaine. Il règle tous les malentendus et conflits qui se produisent entre patrons et ouvriers des mines du Bassin de Dombrowa à la suite du compromis conclu entre les deux parties.

* *

*

Voilà ce qui a été fait jusqu'ici en Pologne indépendante dans le domaine de la législation protectrice du travail. Dans la dernière partie de notre compte-rendu, nous parlerons des projets de lois préparés déjà par le Gouvernement de la République, mais qui n'ont pas encore eu le temps de passer par toutes les instances compétentes. Dans ces domaines, les lois et les prescriptions antérieures restent encore en vigueur.

II.

ASSURANCES OBLIGATOIRES CONTRE LA MALADIE

Deux systèmes différents d'assurances contre la maladie se sont trouvés en présence en Pologne au moment de son unification. Dans les provinces reconquises sur la Prusse on avait à faire au système allemand, dans la Pologne autrichienne au système autrichien. La partie de la Pologne libérée du joug russe ne connaissait encore aucune assurance, la loi de 1912 sur les Caisses des Malades n'y étant pas encore entrée en vigueur.

Le législateur polonais avait donc à résoudre deux questions. D'une part il s'agissait d'organiser les assurances dans la partie de la Pologne qui n'en avait pas encore, et de l'autre il fallait harmoniser les divers systèmes en vigueur sur l'étendue de la République entière.

Le point de départ fut donné par le Décret du 11 janvier 1919 qui, après une discussion laborieuse et minutieuse au sein des commissions de la Diète et aux réunions plénières de celle-ci, fut transformé en *Loi sur l'Assurance obligatoire en cas de maladie* du 19 mai 1920. Cette loi de cent neuf articles est actuellement la loi fondamentale de la Pologne en matière d'assurances sociales.

La loi en question est entrée immédiatement en vigueur sur le territoire de l'ancien Royaume de Pologne. Quant à l'organisation des assurances en ancienne Pologne autrichienne et prussienne, elle doit s'y conformer avant que trois ans soient écoulés.

La loi du 19 mai 1920 stipule que dans chaque arrondissement et dans chaque ville de plus de 50,000 habitants de la Pologne entière il sera organisé une Caisse d'Assurance contre les Maladies.

Les travailleurs des chemins de fer de l'Etat auront des Caisses spéciales.

L'assurance est obligatoire pour toute personne, sans distinction de sexe, qui travaille comme ouvrier, serviteur ou employé. Exception est faite pour les fonctionnaires de l'État, et pour les directeurs des entreprises industrielles et commerciales, s'il sont les remplaçants immédiats des patrons et s'ils ont des gages annuels supérieurs à 30,000 marks. En outre, tous les travailleurs temporaires, tous les travailleurs à domicile et les personnes qui travaillent avec eux et, enfin, les apprentis, même lorsque ceux-ci travaillent gratuitement. L'assurance est de même obligatoire pour toute personne qui ne serait pas payée en argent, mais en denrées ou autres articles.

On ne peut se libérer de l'obligation de s'assurer à la Caisse d'assurance contre les maladies en contractant une assurance dans une compagnie quelconque.

Toute personne qui n'a pas l'obligation de s'assurer à la Caisse d'assurance contre les maladies peut y contracter une assurance, si elle a moins de quarante cinq ans révolus, si elle est saine de corps et si ses revenus annuels ne dépassent pas 30,000 marks.

Tout patron est obligé d'informer la Direction de la Caisse de l'admission d'un nouveau travailleur dans son entreprise. Il est prévu des sanctions à toute contravention.

La loi avait réparti les travailleurs en quatorze classes suivant le montant de leurs salaires. Le montant des cotisations à la Caisse et celui des secours alloués en cas de maladie variait suivant la classe à laquelle on appartenait. Le minimum de salaire journalier (I-re classe) a été fixé à 4 marks, le maximum (XIV-ème classe) à 51 mk. et plus. Cependant l'article 21 de la Loi permet la création de nouvelles classes de paye et la modification de la répartition en classes, suivant les changements qui se produisent dans les conditions des salaires. Vu la baisse de valeur du mark polonais et l'augmentation des salaires qui s'ensuivit, cet article a été appliqué. On vient de créér vingt cinq classes de paye, allant de 6 à 450 marks par jour.

L'objet principal des Caisses d'assurance contre les maladies est de procurer aux assurés l'assistance médicale et de leur allouer des secours en cas de maladie, de couches, ainsi que pour couvrir les frais d'enterrement.

L'assuré a droit à l'assistance médicale gratuite à partir du premier jour de sa maladie, pendant vingt-six semaines dans les caisses qui ont moins de trois ans d'existence, et pendant trente-neuf semaines dans les autres. Cette forme d'assistance comprend la livraison gratuite des médicaments, des articles de pansement, des lunettes, et des articles spéciaux remédiant aux déformations et infirmités qui entraîneraient une diminution de l'aptitude au travail. Le statut de la Caisse fixe le maximum des dépenses qui peuvent être faites pour l'acquisition de ces articles.

De plus, la Caisse d'assurance contre les maladies alloue un secours pour chaque jour d'inaptitude au travail, jusqu'à la fin de la vingt-sixième semaine à partir du troisième jour de la maladie, ou bien, lorsque l'inaptitude au travail s'est manifestée plus tard, à partir du premier jour d'inaptitude.

Dans les cas exceptionnels, lorsque la Caisse ne peut assurer l'assistance médicale, le Bureau des Assurances peut permettre de remplacer celle-ci par un secours en argent, jusqu'à concurrence des deux tiers des secours alloués en moyenne à tous les assurés. Ces secours en argent ne peuvent toutefois durer plus de deux mois.

L'allocation journalière est égale à 60% du salaire.

La Caisse assiste ses membres même dans les cas où la maladie est produite par une cause prévue par les stipulations de la Loi sur les assurances contre les accidents. Mais dans ce cas le patron, ou bien la Compagnie d'assurances rembourse à la Caisse le montant de ses frais.

La Caisse peut refuser son assistance ou ne l'accorder que partiellement dans les cas de maladie amenée volontairement et dans les cas où sa cause est de la faute de l'assuré, p. ex. s'il s'agit de blessures à la suite d'une rixe.

La Caisse peut faire transférer le malade dans un hôpital, avec ou contre son gré, dans les cas où la maladie l'exigerait, ainsi que lorsque le patient n'observe pas le règlement des malades ou les prescriptions du médecin. Les familles des malades transférés dans un hôpital ont droit à une allocation journalière égale à la moitié de l'allocation normale. Ceux des malades qui ne la perçoivent pas ont droit à un secours de 10% de l'allocation normale en plus de l'assistance médicale et de la nourriture de l'hôpital.

L'assistance aux accouchées est un des domaines les plus importants de l'activité des Caisses. Elle consiste: a) en assistance médicale avant, pendant et après les couches, b) en un secours journalier alloué à l'accouchée, secours égal à ce qu'elle gagne suivant la classe de paye à laquelle elle appartient. Ce secours est alloué pendant huit semaines, dont six au moins après les couches, c) les mères qui nourrissent elles-mêmes reçoivent une allocation en argent ou en nature qui se monte de 2 à 5 marks par jour, à partir du moment où elles ont fini de toucher les secours d'accouchées*). Cette allocation ne peut toutefois durer plus de douze semaines.

Les accouchées peuvent, avec leur assentiment, être assistées dans une clinique ou une institution pour accouchées.

Il faut considérer comme un défaut de la Loi que l'assistance n'est stipulée que pour les épouses légales.

---

*) Ces taux ont été augmentés dans le sens de l'article 21 de la loi.

La loi sur les assurances contre les maladies stipule encore qu'un secours égal au montant de sa paye pendant trois semaines serait alloué pour couvrir les frais d'enterrement de tout membre de la Caisse.

Enfin, les familles des membres de la caisse ont droit à des secours en cas de maladie, lorsqu'elles n'ont point d'autre source de revenu que le salaire ou les gages du membre de la Caisse et lorsqu'il n'existe point de contrat d'assurance obligatoire ou facultatif en leur faveur. Les enfants nés hors du mariage ont les mêmes droits que les enfants légaux. Les familles ont droit à l'assistance médicale pendant treize semaines, à l'assistance plénière aux accouchées, à la moitié des secours dûs aux mères qui nourrissent leurs enfants, au séjour à l'hôpital pendant treize semaines et à la moitié du secours d'enterrement.

Dans les cas où les fonds de réserve d'une Caisse auraient atteint un montant égal à celui de ses dépenses annuelles, elle peut dépasser le taux légal des secours. Elle y est obligée si ces fonds ont atteint le double de ses dépenses. La Caisse peut le faire soit en augmentant les secours spécifiés par la loi, soit en instituant de nouvelles formes de secours aux malades ou aux convalescents.

Les membres de la Caisse ont le droit de choisir à leur gré leur médecin entre les médecins et les dentistes qui ont été contractés par la Caisse.

Les fonds de chaque Caisse proviennent des cotisations des membres, de celles des patrons et des subventions. Le montant des cotisations doit être calculé de telle façon qu'ajoutées aux autres revenus de la Caisse elles puissent couvrir les frais de celle-ci et permettre d'amasser un fond de réserve égal à la moyenne des dépenses annuelles pendant trois ans. Les cotisations sont de 6,5% de la paye, dont deux-cinquièmes sont versés par les membres ordinaires et trois-cinquièmes par leurs patrons.

C'est à ceux-ci qu'incombe de plus le devoir de payer le montant des cotisations totales pour les apprentis. L'État paye les cotisations des membres de la Caisse qui, par suite du manque de travail, ne peuvent les verser eux-mêmes. Les cotisations ne sont pas exigibles pendant les maladies qui entraînent l'inaptitude au travail, tant que le malade profite de l'assistance de la Caisse. De même, les accouchées assistées par la Caisse sont libérées de l'obligation de verser leurs cotisations. Les membres bénévoles de la Caisse payent toute leur cotisation eux-mêmes. La moitié des dépenses pour les allocations aux accouchées et aux familles des membres malades est remboursée à la Caisse par l'Etat.

Quelques mots encore sur la manière d'administrer les Caisses d'assurances contre les maladies.

Les Caisses sont administrées par un Conseil, une Direction, un Conseil de Révision et un Comité d'Arbitrage.

Le Conseil est composé pour deux tiers de délégués des assurés, pour un tiers de ceux des patrons, tous élus pour trois ans. Tout membre ayant vingt ans révolus est électeur, sans distinction de sexe. Le Conseil ne peut dépasser quatre-vingt dix membres, dont chacun dispose au moins d'une voix et au plus de trente. L'élection a lieu au suffrage direct, secret et proportionnel. Le Conseil nomme la Direction, le Conseil de Révision et le Comité d'Arbitrage, il discute et approuve les comptes-rendus annuels de la Direction, il décide des contrats avec les autres Caisses, il a le droit de modifier les statuts de la Caisse dans les limites de la loi fondamentale et, enfin, il prend des décisions dans toutes les matières qui lui sont soumises par la Direction.

La Direction de la Caisse compte au moins neuf membres et au plus dix-huit, tous élus par le Conseil. Un tiers en est nommé par le groupe des délégués patronaux et le reste par le groupe des délégués des assurés. Ici encore l'élection a lieu au suffrage secret et proportionnel. La Direction est nommée pour trois ans. Un tiers des membres de chaque groupe sort chaque année.

La Direction assure le fonctionnement de la Caisse, elle l'administre, elle exécute les décisions du Conseil, elle soumet ses rapports au Bureau des Assurances, elle prononce en première instance dans les questions litigieuses, elle peut infliger des amendes aux membres etc.

Le Conseil de Révision, qui lui aussi est nommé par le Conseil de la Caisse suivant les mêmes principes et dans la même proportion de délégués patronaux et de délégués des membres, siège un an. Ce Conseil est un organe de contrôle. Il a de plus le droit de suspendre l'exécution des décisions des autres organes du Conseil de la Caisse, jusqu'à ce que le Bureau des Assurances se soit prononcé.

Le Comité d'Arbitrage de cinq membres est élu pour un an dans la proportion de deux délégués patronaux, du même nombre de délégués des assurés, et d'un président élu par toutes les voix du Conseil. Le Comité d'Arbitrage prononce dans les questions litigieuses entre les membres de la Caisse et sa Direction.

De plus, dans l'arrondissement de chaque Caisse un Comité de Conciliation est nommé, lequel prononce en première instance dans les litiges entre médecins et Direction. Ce Comité est composé de délégués des médecins et de la Direction, en nombre égal.

Le Bureau des Assurances Sociales du Ministère du Travail et de la Prévoyance Sociale prononce en deuxième instance en toutes matières concernant les Caisses. Il est doté à cet effet de droit judiciaire.

C'est à ce Bureau qu'appartiennent la direction générale et la surveillance des institutions sociales d'assurances contre les maladies.

Il veille à ce que les Caisses observent la loi et leurs statuts, il surveille le fonctionnement des assurances, il interprète la loi, il publie des règlements, il prononce dans les litiges dans lesquels il en est appelé à lui et casse éventuellement la décision des instances inférieures. Les patrons et les ouvriers y sont représentés en parts égales.

Un délégué du Ministère de la Santé Publique est membre de droit du Bureau des Assurances Sociales.

* * *

Nous venons d'indiquer les grandes lignes de la loi polonaise sur les Assurances contre les maladies.

La mise en action de cette importante réforme a été un moment mise en suspens par l'invasion des Bolcheviks. Elle est actuellement en pleine voie d'exécution. La Diète a voté 15 millions de marks pour couvrir les frais d'organisation des Caisses. La Pologne peut être fière d'avoir élaboré et mis sur pied une oeuvre de cette envergure.

III.

PLACEMENT ET ÉMIGRATION

Une des questions les plus importantes en Pologne est celle du placement des travailleurs et celle de l'émigration, intimement liée à la première.

Nous laissons de côté les grands efforts que les institutions publiques et les communes polonaises ont accomplis en vue de sauver de la famine et de l'émigration forcée en Allemagne les innombrables sans-travail au temps de l'occupation allemande et autrichienne.

Les grands et très coûteux travaux publics qui avaient été entrepris et les secours distribués ne pouvaient être qu'un palliatif provisoire. Ce remède portait en lui des conséquences funestes au point de vue social et, de plus, on avait à lutter contre les obstacles accumulés par les autorités de l'occupation, lesquelles voulaient remplacer les ouvriers allemands, mobilisés, par la main d'oeuvre polonaise forcée par la famine à émigrer.

Sans s'arrêter à l'histoire de cette période, ces faits doivent être néanmoins présents à la mémoire, si l'on veut se rendre compte de la situation que le Gouvernement de la Pologne indépendante eut à résoudre sur le marché du travail au moment même de son accession au pouvoir.

La production industrielle avait été sciemment paralysée par les occupants. Le pays avait été dévasté par la guerre. Il s'en était suivi une désorganisation complète du marché du travail, bien que l'activité économique générale du pays fut déjà fort amoindrie par rapport à la période d'avant la guerre. L'ancienne Pologne prusienne était une exception à cet égard, mais cette partie de la Pologne, qui est surtout agricole et non surpeuplée, est par cela même moins intéressée à la question du placement et de l'émigration. De plus, il y fonctionne depuis longtemps des bureaux publics de placement institués par la loi allemande. Ces bureaux y sont encore en pleine activité. Ils ont été seulement polonisés en ce qui concerne leur personnel, la langue, etc.

Se voyant appelé à entreprendre une action énergique dans le domaine en question, le Gouvernement Polonais promulgua le 4 février 1919 un *Décret sur l'organisation des Bureaux de Placement de l'Etat et des Bureaux de Protection des Emigrés.* Un grand nombre de réglements et d'instructions suivirent. Le Décret du 4 février fut complété le 4 novembre 1919 par une Loi sur l'Assistance aux chômeurs.

Sans arrêter le fonctionnement des bureaux de placement

concessionnés entretenus par des particuliers, ni d'autant plus celui des bureaux de placement communaux ou des corporations, le Décret du 4 février 1919 institue des Bureaux de Placement de l'État, qui sont du ressort direct du Ministère du Travail. L'État a été forcé d'assumer cette charge à cause du développement insuffisant, parce que trop récent encore, des institutions communales dans une grande partie de la Pologne. Les syndicats professionnels n'auraient pas non plus été à l'heure actuelle en état de remplir suffisamment la mission de régler le marché du travail.

Quant aux bureaux de placement particuliers, dont les jours sont d'ailleurs comptés, ils ne pouvaient évidemment être pris en considération. Un projet de loi qui leur impose une réglementation stricte a été déjà soumis au Conseil des Ministres. Il ne restait donc que l'Etat qui puisse prendre en mains la solution de la question du placement. De plus, la nécessité de réorganiser la vie économique de la Pologne dévastée et la nécessité de compter avec l'émigration inévitable, qui, très grande avant la guerre, ne cessera pas sans doute de longtemps encore, posaient des questions d'une envergure telle que l'État seul était de force à les résoudre.

Les Bureaux de l'État institués par le Décret du 4 février 1919 ont une mission double. Ils servent d'intermédiaires dans la recherche du travail à l'intérieur du pays aussi bien qu'à l'étranger, et ils étendent leur protection sur les émigrés. Les Bureaux en question sont en contact régulier avec les bureaux de placement du pays entier, en premier lieu avec les bureaux de placement des syndicats ouvriers et patronaux.

Leur fonctionnement ressemble d'ailleurs à celui de tous les bureaux de placement du monde entier. Ils publient des informations sur les offres et les demandes de travail, ils règlent l'échange des travailleurs entre les différentes parties du pays, ils facilitent les voyages, etc. Une attention particulière est consacrée au placement de la jeunesse qui doit être conseillée sur la profession à choisir, en rapport avec l'aptitude physique et intellectuelle de chacun.

Le Gouvernement exige des Bureaux de Placement de l'Etat non seulement qu'ils indiquent les places vacantes qui leur ont été signalées, mais qu'ils manifestent de l'initiative en se mettant eux-mêmes à la recherche du travail.

En ce qui concerne le placement à l'étranger, les Bureaux de Placement de l'État sont obligés de réunir des statistiques sur l'émigration, de se tenir au courant des conditions de travail à l'étranger et de suivre le développement de toutes les questions qui touchent à l'émigration. Ils doivent aussi veiller à l'observation stricte de la stipulation qui prescrit qu'aucun travailleur polonais ne peut être employé à l'étranger autrement qu'avec l'agrément du Ministère du Travail et en vertu d'un contrat approuvé par celui-ci.

La protection des émigrés a revêtu plusieurs formes. Le Bureau de Placement sert d'intermédiaire entre eux et leurs familles demeurant au pays, il leur facilite les envois d'argent, il se met à leur disposition pour les informations, il organise leur instruction (bibliothèques circulantes et salles de lecture), il leur offre son aide et ses conseils pour revenir au pays, etc.

Des attachés spéciaux pour l'émigration, nommés par le Ministre du Travail, sont en fonctions auprès de plusieurs des missions diplomatiques et consulaires de la Pologne à l'étranger (New-York, Chicago, Paris, Berlin et Curityba au Brésil).

Leur mission consiste à organiser et à centraliser sur place la protection des émigrés, à informer les gouvernements respectifs sur les offres de travail en Pologne, etc. De même les consulats polonais ont le devoir de s'occuper de ces questions.

L'organisation du placement par l'État et de l'émigration est dirigée par un Bureau spécial du Ministère du Travail et de la Prévoyance sociale, auquel sont subordonnés les Bureaux de Placement de l'État disséminés dans le pays entier.

La création d'organes de contrôle et de conseil est préparée. Le Ministre sera soutenu par un Conseil nommé par lui et composé de représentants de l'autorité administrative, des syndicats professionnels ouvriers et patronaux, des institutions de caractère social et d'experts. Des comités de contrôle fonctionneront dans les bureaux locaux. Ils seront composés d'ouvriers, de patrons et d'un président impartial, nommés tous par les autorités autonomes locales. Leur compétence sera très étendue.

La mise en pratique des stipulations du Décret du 4 février 1919 est très avancée en ancienne Pologne russe. Vers la fin de l'année 1919 il y fonctionnait déjà 46 bureaux de placement de l'État.

On a aussi beaucoup fait dans le courant de l'année écoulée pour organiser le réseau de ces bureaux dans l'ancienne Pologne autrichienne.

Le placement par l'intermédiaire des bureaux de l'État est gratuit pour les travailleurs.

Les patrons sont obligés de payer quelques frais s'ils recourent à leurs services.

Pour bien mettre en vue l'importance des malaises auxquels les Bureaux de Placement de l'État sont appelés à remédier et les efforts qui ont été nécessaires afin de mettre de l'ordre sur le marché du travail, quelques informations supplémentaires seront à leur place.

Plusieurs chiffres d'abord. Immédiatement après que les Bureaux de Placement de l'État eussent été créés, un recensement des sans-travail fut entrepris. Les secours alloués en dépendaient. Ce recensement fut mené à bout avec toute la précision désirable. Ses résultats sont les suivants. Le nombre des chômeurs forcés:

Le 1-er avril 1919 s'élevait à 323278
Le 1-er mai „ „ „ 347999
Le 1-er juin „ „ „ 354222
Le 1-er juillet „ „ „ 318329

A partir de cette dernière date ce chiffre commença à baisser de plus en plus.

L'assistance de l'État prit deux formes. D'une part, il allouait aux sans-travail des secours en argent et en denrées alimentaires, de l'autre il employait les bras disponibles dans des travaux publics entrepris à cet effet.

Des secours étaient alloués:

Le 1-er avril 1919 à 210883 personnes
Le 1-er mai „ „ 247893 „
Le 1-er juin „ „ 259509 „

Jusqu'au 1-er juillet 1919 l'État dépensa à cet effet 111,585,178 marks.

En mai et juin 1919, les sans-travail se virent distribuer 934 tonnes de farine, 2538 tonnes de graisse, 4890 tonnes de pommes de terre, 83 tonnes de sel. On s'efforçait d'éliminer peu à peu l'allocation de secours en employant les chômeurs à des travaux publics. En janvier 1919 le Gouvernement ouvrit à cet effet un crédit de 100 millions de marks et les communes urbaines et rurales entreprirent de leur côté une série de travaux d'utilité publique.

Le 1-er juin 1919 le nombre des ouvriers employés de cette manière s'élevait à 71735, le 15 juin il y en avait 83977 et le 1-er juillet 92652. Les ouvriers y étaient dirigés par les Bureaux de Placement de l'État.

Bien que la vie économique de la Pologne soit encore loin de l'intensité d'antan, bien que dans la ville la plus industrielle de ce pays, Łódź, 30% à peine de l'ancien nombre des ouvriers soient employés, l'amélioration graduelle se traduit par une réduction incessante et très marquée du nombre des secours. D'autre part les travaux publics ont maintenant de moins en moins le caractère d'oeuvres entreprises provisoirement pour occuper les bras qui chôment; ils ne sont plus du domaine de la philantropie, ce qu'ils étaient nécessairement auparavant.

* *

L'action législative concernant le placement de la main-d'oeuvre est en dernier lieu destinée à préparer la mise en vigueur d'une loi fondamentale sur l'émigration. Un projet en ce sens est entièrement élaboré par le Ministère du Travail.

En attendant, le Gouvernement s'est appliqué à résoudre une série de questions pressantes de ce domaine.

Il s'agissait d'abord de venir en aide aux ouvriers polonais demeurés en Allemagne. Environ 300,000 d'entre eux y avaient été retenus par force au moment de la déclaration de la guerre, — des ouvriers agricoles pour la plupart, qui allaient louer leurs bras en Allemagne pendant la belle saison. D'autres, 400,000 à peu près, avaient été forcés d'aller chercher du travail en Allemagne par suite des mesures des autorités allemandes pendant l'occupation de la Pologne, de 1915 à 1918.

Les uns et les autres étaient traités pire que des parias, au mépris des droits humains les plus élémentaires et de toute légalité, subissant des vexations morales et économiques inouïes.

Afin de remédier à cette situation, il fut d'abord institué un *Bureau Central de revendications des droits des émigrants.* Son action est multiple. Il s'agit de revendiquer les dédommagements dûs aux ouvriers pour avoir été emmenés de force hors de leur pays, pour avoir été grévés d'impôts illégaux, pour la retention de leurs cautionnements, la rupture des contrats, les amendes injustes, les frais de voyage, la retenue des salaires et des effets des émigrés, la confiscation des biens de ceux qui sont morts à l'étranger, etc.

D'autre part, le Bureau s'occupe des questions liées à la législation allemande sur les assurances, au mépris de laquelle la majorité des émigrés n'a jamais touché aucun secours en cas de maladie, d'accouchement et de maternité, d'accident de travail, d'enterrement, etc.

Le fait que du 1-er janvier au 1-er août 1919 les autorités polonaises ont enregistrés 118139 prétentions à revendiquer démontre combien grand était le tort fait aux ouvriers polonais émigrés en Allemagne. Le montant total des prétentions ouvrières est évalué à la somme d'un milliard et demi à deux milliards de marks.

Vu que la réalisation de ces sommes durera sans doute longtemps, le Gouvernement polonais avança les dédommagements incontestables, en premier lieu aux veuves et aux orphelins des ouvriers polonais qui étaient assurés en Allemagne et qui y sont morts ou y ont été tués.

On organisa ensuite *un service d'informations*, qui fonctionne sur une large échelle, aux Bureaux de Protection de l'Émigration. Ce service entreprend la recherche gratuite des émigrés dont la trace a été perdue, il facilite la correspondance avec les émigrés, il donne des informations sur les conditions du voyage, il se charge des formalités qu'il faut accomplir pour obtenir un passeport, il transmet les envois d'argent aux destinataires, il contrôle le courant de l'émigration. De plus, l'Etat a entrepris la lutte contre les agents clandestins des entreprises d'émigration, il a monopolisé la vente des billets de traversée, etc. Une partie de toutes ces fonctions a été prise en mains par les attachés spéciaux mentionnés plus haut. Il y a aussi des Inspecteurs de l'émigration dans certains ports et gares frontières. Leur mission est de protéger les émigrants dans la plus large acception du terme.

Enfin la question de l'émigration a donné lieu à une des premières importantes conventions internationales que la Pologne indépendante ait conclue. Il s'agit de la Convention franco-polonaise du 3 septembre 1919 concernant les ouvriers polonais en France. Cette convention règle les questions d'émigration et de rapatriement, le placement des épargnes des émigrés, les envois d'argent aux familles, l'allocation des rentes et des indemnités à ceux qui sont devenus inaptes au travail, et, avant tout, elle règle les conditions mêmes du travail sur la base d'un contrat de trois types différents: contrat de louage pour ouvriers agricoles, pour ouvriers de l'industrie et pour la classe particulière des travailleurs qui sont occupés à la reconstruction des provinces au Nord-Est de la France. Nous laissons de côté l'examen de cette convention. Notons seulement que son objet est de protéger au possible les émigrés contre l'exploitation dont ils auraient été la proie infaillible, si les deux gouvernements ne s'étaient d'avance mis d'accord pour combattre ce danger. Il est vrai que les émigrés en France se plaignent encore assez fréquemment, mais les causes de ces plaintes peuvent être facilement éliminées en étendant les stipulations de la Convention, à moins qu'elles ne soient inhérentes au fait même de chaque émigration.

IV.

AUTRES LOIS ET MESURES

Le Gouvernement polonais est encore intervenu dans une série de questions touchant de près la vie de la classe ouvrière. Parmi les questions les plus importantes citons:

1) L'institution d'un *Comité du Renchérissement* dont font partie des délégués patronaux et ouvriers et qui dépend du Bureau de Statistique de l'État. Ce Comité établit chaque mois les prix des denrées et articles qui sont nécessaires à l'entre-

tien d'un ouvrier et de sa famille. Ses informations ont une influence immédiate sur les salaires. Presque tous les contrats collectifs conclus entre les syndicats patronaux et ouvriers sous le patronage du Ministère du Travail stipulent que les salaires doivent augmenter parallèlement au renchérissement général, dans la proportion qui a été calculée par le Comité. L'introduction de cette clause est dûe à l'appui que le Ministère du Travail accorda aux ouvriers dans cette question.

Il est inutile d'insister sur l'importance de ce régulateur des salaires. Il suffit de noter que grâce à lui le nombre et l'intensité des grèves ont très fortement baissé en Pologne et que les salaires ont augmenté dans une proportion telle, que fréquemment les ouvriers sont enviés par les fonctionnaires, les magistrats, les instituteurs, etc.

2) L'intervention des Inspecteurs du Travail dans la conclusion des *contrats collectifs* dans l'industrie et l'agriculture a mis de l'ordre dans le chaos qui régnait autrefois dans la majorité des professions. Les contrats collectifs sont devenus dans le courant de l'année dernière la base des conditions de travail dans presque toute la Pologne. Bien que le peu de stabilité des conditions économiques générales n'ait pas encore permis de conclure des contrats collectifs à long terme, et qu'il y ait toujours quelque tirage dans les rapports entre le capital et le travail, ces contrats marquent un grand pas vers l'apaisement. Ils ont déjà pris dans la vie sociale une place telle que le Ministère du Travail a désormais pu élaborer un projet de loi sur les contrats collectifs, projet dont il sera question plus loin.

3) La Pologne a pris part au *Congrès International du Travail à Washington* et elle a adhéré aux résolutions qui y furent adoptées. Une partie des conventions de Washington a été depuis mise en vigueur dans la législation sociale de la Pologne, les autres seront discutées par la Diète dans un terme très prochain.

La Pologne est représentée aussi par un délégué *au Conseil d'Administration du Bureau International du Travail* auprès de la Société des Nations à Genève.

* * *

Ce que nous venons de dire sur la législation ouvrière de la Pologne au moment actuel ne suffit pas pour donner une image nette de sa politique à l'égard des travailleurs. Il est indispensable d'ajouter quelques mots sur les mesures législatives qui, tout en ne visant pas spécialement la classe ouvrière, touchent néanmoins de près à sa situation et à ses intérêts.

Les lois, arrêtés et décrets suivants sont à mentionner ici:

1) *La Loi sur la Propriété Foncière*, approuvée par la Diète le 15 juillet 1920, qui fixe l'étendue maxima de la propriété privée de 180 à 400 hectares, selon les provinces et le rendement de la terre. Le surplus des propriétés sera exproprié, les propriétaires actuels indemnisés, et la terre ainsi acquise cédée aux paysans ayant trop peu de terre pour en vivre et aux ouvriers agricoles. Une partie, située dans le voisinage des grandes villes et des aglommérations industrielles, servira à créer des colonies ouvrières.

La réalisation complète de cette réforme durera évidemment assez longtemps. On a commencé par le morcellement des biens fonciers mal administrés ou abandonnés et d'une partie des domaines de l'Etat.

2) La Loi du 1-er août 1919 crée un fonds de l'Etat en vue de la *Construction de maisons à petits logements* hygièniques. L'Etat se propose de venir ainsi en aide aux communes, aux coopératives de locataires, aux institutions sociales et même aux particuliers qui entreprennent la construction d'habitations du type mentionné. Le fonds en question s'augmente chaque année de crédits qui sont ouverts à cet effet au budget.

En matière d'habitation il faut mentionner encore la Loi du 3 juillet 1919 *sur la Protection des locataires.* Cette loi stipule que le loyer d'un logement composé d'une ou deux pièces ne peut dépasser ce qu'on en demandait au mois de juin 1914, et que le loyer des logements de trois pièces ne peut être majoré que de 10%. Des comités d'arbitrage sont établis pour les litiges entre locataires et propriétaires*).

Dès le 25 mars 1919 une *Inspection des Habitations* a été instituée par le Ministère de la Santé Publique. Elle a pour mission de surveiller l'état des logements, leurs conditions au point de vue de l'hygiène, le nombre des personnes qui y habitent, etc. dans toutes les villes, bourgs et communes. Elle est aussi appelée à faire des démarches pour rémédier à la pénurie des logements. Malheureusement, les années de guerre, le renchérissement des matériaux et de la main d'oeuvre ont paralysé à ce point l'industrie du bâtiment en Pologne que l'action de l'Etat n'a pu encore porter tous ses fruits dans ce domaine.

3) Des *Comités de Prévoyance Sociale* ont été institués auprès des autorités de l'autonomie locale. Ces comités ont pour mission d'harmoniser et de contrôler l'action de toutes les institutions de prévoyance, de protection et d'assistance sociale publiques ou privées et, au besoin, de prendre en main l'initiative de l'action. De son côté, le Ministère du Travail et de la Prévoyance Sociale nomme dans chaque arrondissement un délégué qui surveille toutes les institutions sociales dans l'arrondissement et sert d'intermédiaire entre elles et les autorités de l'Etat. En cas de besoin, des subsides sont accordés par le Trésor.

---

*) Dernièrement, cette loi a été modifiée en accordant aux propriétaires une augmentation plus sérieuse, mais encore toujours limitée, des loyers.

4) Enfin *la Loi sur les coopératives*, promulguée le 29 octobre 1920 aura une grande répercussion dans le monde du travail. Cette loi a été élaborée, préparée et discutée dans plusieurs commissions parlementaires pendant une année et demie. Elle harmonise les stipulations diverses qui concernaient les coopératives et elle accorde à celles-ci une série de droits particuliers et de privilèges, sous la condition de demeurer de vraies coopératives. La loi établit un Conseil National des Coopératives afin d'assister l'Etat dans son action en ce domaine. La loi du 29 octobre 1920 est, croyons-nous, le premier essai de codification raisonnée de la législation sur les coopératives qui ait été fait en Europe, et le premier essai de création de ce qu'on pourrait appeler une Charte des coopératives. Elle répond aux besoins du mouvement coopératif en Pologne et aux grandes espérances sociales qu'on fonde sur lui. Comme les coopératives de consommation, de production et les mutualités financières sont en Pologne pour la plus grande part des associations de travailleurs, la loi en question est d'une importance capitale pour les ouvriers.

*

* *

On vient de voir la partie désormais accomplie du travail législatif de la Pologne dans le domaine social et, plus particulièrement, dans le domaine ouvrier. Pour en finir, passons en revue les projets de lois qui ont été déjà soumis à la Diète par le Ministère du Travail et de la Prévoyance Sociale, ainsi que ceux qui, tout en étant en voie d'élaboration, sont dans un état suffisamment avancé pour pouvoir lui être soumis prochainement. Il est hors de doute que la plus grande part, sinon tout, sera approuvée par la Diète avec peu de modifications.

V.

LES PROJETS LÉGISLATIFS.

En premier lieu nous mentionnerons les projets de lois qui se rattachent aux résolutions de la Conférence du Travail à Washington et à la ratification des conventions élaborées par cette Conférence.

Comme la Loi polonaise a fixé la durée hebdomadaire du travail à quarante six heures, en faisant droit aux revendications ouvrières dans une mesure plus large que ne l'a fait la Conférence de Washington, l'exécution de cette Convention n'a pas besoin de faire l'objet d'une loi. Il ne s'agit plus que de veiller à l'application de la loi polonaise, ce à quoi est appelé le Ministère du Travail et de la Prévoyance Sociale.

Mais il y a d'autres questions qui ont été discutées à Washington et dont la Diète de Pologne s'occupera prochainement. Il s'agit d'abord d'une Loi sur *le Travail industriel des femmes* et d'une loi sur *le Travail des enfants.* Vient ensuite la nécessité de compléter les lois en vigueur sur le *Chômage involontaire* par des stipulations nouvelles.

Les projets respectifs font droit aux revendications ouvrières dans une mesure au moins égale à celle des lois sociales des autres pays civilisés, et dans bien des cas ils les dépassent dans le sens du progrès. Sans entrer dans le détail de ces projets, remarquons qu'ils stipulent un repos de deux heures dans la journée de huit heures de travail des femmes et des adolescents et un repos d'une heure et demie, si la journée est de six heures. Il sera interdit de faire travailler des femmes et des adolescents de neuf heures du soir à six heures du matin. Le repos hebdomadaire de ces deux classes de travailleurs ne pourra pas s'étendre sur moins de trente six heures consécutives. Il sera défendu d'employer des femmes sous terre, dans les mines, ainsi que de les faire travailler avant et après les couches.

Les enfants qui n'auront pas atteint l'âge de quatorze ans ne pourront être employés en aucun cas, et le travail des adolescents de quatorze ans à dix-huit ans sera soumis à de très grandes restrictions.

En ce qui concerne le chômage, les projets de loi organisent tout un système d'assurances contre le chômage. Les lois et réglements cités plus haut, touchant les Bureaux de Placement de l'Etat et l'allocation de secours aux sans-travail, ont servi de travail préparatoire pour instituer les assurances en question.

Une autre question, très négligée jusqu'ici, dont les règlements, vieillis actuellement mais encore en vigueur, ne correspondent en aucune manière à l'état de l'esprit moderne c'est le problème du *Service domestique.*

Elle est l'objet d'un projet de loi soumis déjà à la Diète par le Ministère du Travail. Ce projet assimile à bien des points les travailleurs domestiques aux autres classes de travailleurs. Le *livret de service* actuel, qui place le serviteur domestique en une très grande dépendance du patron, sera aboli. Il sera remplacé par un livret de comptes. Des prescriptions particulières viennent régler le contrat de louage, la durée de la journée de travail, la longueur et la fréquence des repos, les questions de logement, l'exécution des travaux pénibles, la protection des serviteurs adolescents de quatorze à dix-huit ans, et l'obligation de les faire instruire. La création de tribunaux d'arbitrage est stipulée, ainsi que de comités, composés de représentants des municipalités, des patrons et des serviteurs.

Ces comités auront le droit de fixer le minimum de gages dans chaque localité respective. En un mot, la loi polonaise sur le service domestique sera une des plus avancées de l'Europe.

Le projet de loi sur les *Contrats collectifs du Travail* dont la préparation a duré longtemps et qui sera incessamment soumis au Conseil des Ministres et à la Diète par le Ministère du Travail aura lui aussi une influence profonde sur les rapports sociaux en Pologne. Ce projet fixe des règles générales pour les contrats collectifs qui, on le sait, sont devenus chose normale dans la vie industrielle et agricole en Pologne. L'accord volontaire des deux parties en cause est la base du projet en question. L'ingérence des autorités y est réduite au strict minimum. La durée maxima des contrats est limitée à un an. Tout contrat collectif conclu doit être communiqué au Ministère du Travail.

La conclusion d'un contrat individuel avec les membres du groupe ou du syndicat qui a conclu antérieurement un contrat collectif n'est admissible que dans la mesure expressément permise par les stipulations de celui-ci. Les conditions moins favorables aux travailleurs sont automatiquement annulées. Elles sont remplacées par les conditions stipulées dans le contrat collectif. On peut, il est vrai, envoyer sa démission de membre au syndicat qui a conclu un contrat collectif, mais il n'est permis de le faire qu'avant l'écoulement d'un délai très bref, après lequel le contrat en question est obligatoire pour tous les membres actuels ou anciens du syndicat.

Très prochainement, une loi spéciale sera promulguée qui viendra mettre de l'ordre dans les prescriptions très divergentes qui règlent actuellement les *Assurances contre les accidents du travail.*

On a jusqu'ici à faire à trois législations diverses en cette matière. Les lois en vigueur sont loin de répondre aux besoins et aux conditions de la vie actuelle.

Le projet de loi sur ces assurances étend l'obligation de contracter une assurance contre les accidents à tous les travailleurs à gages, sans exception de sexe, d'âge, de genre de travail, et sans qu'il y ait nécessité d'avoir conclu un contrat formel. Seul le montant du salaire ou des gages est une limite à l'obligation, et encore s'agit-il d'une limite de caractère spécial: les patrons, p. ex., sont obligés de s'assurer en tant que directeurs d'entreprises, en proportion des gages qu'ils devraient payer à un directeur employé. Les assurances en question visent aussi bien les accidents du travail dans le sens strict du mot, que les accidents occasionnés indirectement par le travail, autant dans l'entreprise même qu'en dehors d'elle.

En outre de l'assistance médicale, à partir du premier jour de sa maladie, l'assuré aura droit à 75% de son salaire journalier antérieur. S'il devient complètement incapable de travailler il lui sera allouée une pension égale à ses gages annuels moyens.

Dans le cas où l'incapacité serait limitée, cette pension sera réduite en proportion. Les veuves des sinistrés auront droit au tiers des gages de leur maris défunts, et leurs enfants, légaux ou nés hors du mariage, recevront une pension qui s'élève à un sixième des gages et à un quart de ceux-ci, s'il s'agit d'orphelins sans père ni mère. Dans certains cas, les parents du sinistré, s'ils étaient entretenus par lui, pourront élever des prétentions à une pension. Les pensions peuvent être capitalisées lorsqu'elles ne dépassent pas 10% des gages annuels des sinistrés.

Les primes d'assurance contre les accidents seront entièrement versées par les patrons.

Le projet de loi stipule la création d'une Institution centrale d'assurance et d'institutions régionales. Le rôle d'institution locale sera rempli par les Caisses d'Assurances contre les maladies. Des délégués du Gouvernement, des ouvriers et des patrons prendront part à l'administration des institutions d'assurances.

Deux projets de lois élaborés au Ministère du Travail ont une importance particulière en ce qui concerne l'émigration. Ce seront une loi sur *le Placement des émigrés* et une *Loi générale sur l'émigration.*

Le premier de ces projets admet uniquement le placement par l'intermédiaire des Bureaux de l'État et des syndicats professionnels, loisque ceux-ci ont acquis les droits d'une personne juridique et ne comptent pas moins de mille membres.

Au moyen de la loi sur l'émigration, l'État se propose d'augmenter l'efficacité de sa protection sur les émigrés, et non d'entraver l'émigration. Il n'est question de mesures restrictives qu'en ce qui concerne l'émigration des mineurs, de ceux qui s'efforceraient de se soustraire par ce moyen au service militaire, et de ceux qui sont sous le coup de poursuites judiciaires. Il sera d'autre part fait obstacle à l'émigration aux pays qui présentent des dangers d'ordre matériel, moral ou juridique pour les émigrés.

Le projet de loi stipule l'organisation d'un service d'information et d'instruction, ainsi que la protection des émigrés contre l'exploitation de tout ordre. En général, la loi polonaise sur l'émigration ressemblera de près à la loi italienne.

*

*   *

Finissons par l'énumération des projets de lois qui sont actuellement élaborés au Ministère du Travail et de la Prévoyance Sociale et qui se signalent par leur importance. Ce sont:

1-o Une loi fondamentale sur *la Prévoyance sociale* qui réglera la question de l'assistance aux citoyens qui ne peuvent suffire à leur entretien par leurs propres moyens. Cette loi rompt avec l'ancien système de philantropie par charité et elle établit le droit de chaque citoyen, maltraité par le sort, à l'assistance de la part de la société.

2-o Une loi sur *les Tribunaux du Travail* qui doit unifier la procédure des divers corps et autorités appelés à régler les conflits du travail.

3-o Une loi instituant *un Conseil du Travail* auprès du Ministre, Conseil qui se composera de délégués des patrons et des ouvriers et dont la mission sera d'assister le Ministre et de préparer les projets de lois.

4-o Une loi sur *la Protection du Travail agricole.*

5-o Une loi sur *la Protection du Travail à domicile.*

CONCLUSION

Notre exposé est terminé. Nous croyons que ce rapide coup d'oeil sur l'oeuvre accomplie par la Pologne en matière de législation sociale, malgré le peu de temps que dure l'Etat polonais, suffit à démontrer l'importance attribuée par le Gouvernement, la Diète et la Nation Polonaise à ces questions. Nous voyons désormais avec quel empressement la Pologne s'efforce de rattraper ce qu'il lui était impossible de faire pendant les longues années de sa soumission, tandis que les autres pays civilisés travaillaient librement à développer leur législation sociale.

www.ingramcontent.com/pod-product-compliance
Ingram Content Group UK Ltd.
Pitfield, Milton Keynes, MK11 3LW, UK
UKHW022146170726
13837UKWH00004B/1804

9 782329 206585